AF313331

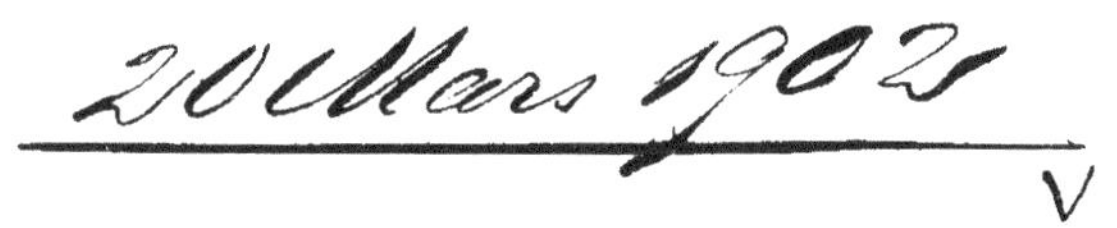

OBJETS D'ART

ET DE

RICHE AMEUBLEMENT

D'ÉPOQUE ET DE STYLE XVIIIe SIÈCLE

BRONZES - MARBRES - TERRES CUITES

PORCELAINES - FAÏENCES - VERRES DE VENISE

TABLEAUX

appartenant à Mme de B***

Me LAIR DUBREUIL

COMMISSAIRE-PRISEUR

M. A. BLOCHE

EXPERT

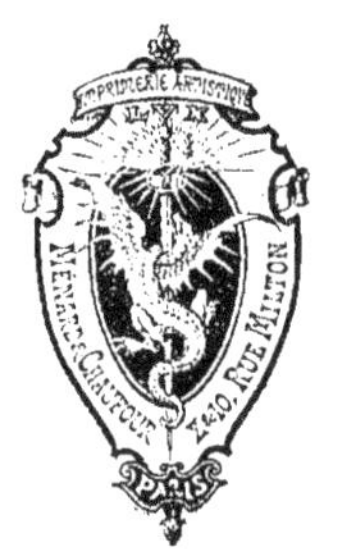

CATALOGUE

DES

OBJETS D'ART

ET DE

RICHE AMEUBLEMENT

D'ÉPOQUE ET DE STYLE XVIIIe SIÈCLE

Meubles vitrines - Bahuts d'entre-deux et à étagères - Commodes
Bureau, Gaînes ornées de bronzes
Belle chambre à coucher de style chinois, de VIARDOT
Ameublements de salon et de petit salon en tapisserie d'Aubusson
et en velours de Gênes
Sièges couverts en soie brochée et velours
Chaises Louis XIV et Louis XVI
Consoles en bois doré - Glaces - Paravents - Coussins

BRONZES

Belles garnitures de cheminées de style Louis XVI
Cartel d'époque Louis XV - Suspensions - Appliques - Girandoles - Groupe

MARBRES - TERRES CUITES

PORCELAINES, FAÏENCES, VERRES DE VENISE

TABLEAUX

*Appartenant à Mme de B****

DONT LA VENTE AURA LIEU

HOTEL DROUOT, SALLE N° 1

LE JEUDI 20 MARS 1902, A 2 HEURES 1/4

Me F. LAIR DUBREUIL	**M. ARTHUR BLOCHE**
COMMISSAIRE-PRISEUR	EXPERT
Successeur de Me DUCHESNE	Près la Cour d'Appel
6, *rue de Hanovre*	*28, rue de Châteaudun, 28*

Chez lesquels se distribue le présent catalogue

EXPOSITION PUBLIQUE

Le Mercredi 19 Mars 1902

DE 2 HEURES A 6 HEURES

CONDITIONS DE LA VENTE

Elle sera faite expressément au comptant. Les acquéreurs paieront *dix pour cent* en sus des enchères.

Il ne sera admis aucune réclamation une fois l'adjudication prononcée

Paris. — Imprimerie Ménard et Chaufour, 8-10 rue Milton.

DÉSIGNATION

MEUBLES

1 — Beau meuble d'appui en bois d'amaranthe, le milieu en marqueterie, décor : vase de fleurs sur une console, les côtés disposés en vitrine à fond de glaces ; dessus et tablettes en marbre blanc, richement garni de bronzes ciselés et dorés de style Louis XVI.

2 — Joli meuble à tablettes et à fond de glaces en bois d'acajou à côtés cintrés, montants cannelés, bandeau à rinceaux en bronze ciselé et doré, surmonté de deux étagères séparées par des colonnettes en cuivre et supportées par des figurines d'enfants en bronze doré ; frontons à guirlandes de fleurs, carquois et flèches. Style Louis XVI.

3 — Meuble de salon en bois doré de style Louis XVI, garni en tapisserie d'Aubusson ; les dossiers à sujets champêtres et les sièges à scènes de chasses, animaux et volatiles dans des encadrements à draperies et guirlandes de fleurs. Il

se compose de : un canapé, six fauteuils et quatre chaises.

4 — Joli petit meuble d'entre-deux ouvrant à une porte, en marqueterie de bois satiné, richement garni de bronzes dorés à quadrillés et encadrements fleuris, dessus en marbre onyx d'Algérie. Style Louis XV.

5 — Ameublement de petit salon de style Louis XVI, en bois sculpté et doré, couvert en velours de Gênes, fond clair à enlacements de guirlandes et semis de fleurs, composé de : un canapé, deux fauteuils et deux chaises.

6 — Deux gaines à trois faces en bois d'amaranthe et marqueterie, garnies de bronzes ciselés et dorés. Style Louis XVI.

7 — Deux canapés en bois sculpté et doré, dossiers à médaillons, couverts en soierie ancienne, l'un fond rose, l'autre gris argent, brochée à fleurs et festons Louis XVI.

8 — Deux banquettes en bois sculpté et doré, dessin rocaille, couvertes en dauphine blanche brochée à branchages fleuris entrelacés.

9 — Deux petits tabourets en bois sculpté et doré forme Louis XVI, couverts en soierie brochée et rayée.

10 — Quatre fauteuils en bois sculpté et doré à rocailles, couverts en soierie brochée, fond rose et fond bleu pâle. Style Louis XV.

11 — Deux chaises en bois sculpté et doré forme rocaille, couvertes en soierie fond vert et fond rose brochée à bouquets de fleurs.

12 — Petite commode de forme bombée, décor vernis Martin, fond d'or à sujets WATTEAU et guirlandes de fleurs, garnie de bronzes, dessus en marbre. Style Louis XV.

13 — Lit de milieu avec baldaquin en bois de fer sculpté dans le goût chinois. Travail de VIARDO.

14 — Beau meuble formant armoire à glace et bahut adhérent, ouvrant à trois portes et formant étagère, en bois de fer et des Iles finement sculptés, orné d'appliques en bronze ajouré. Travail dans le goût chinois de VIARDOT.

15 — Table de chevet forme étagère ouvrant à deux portes et à un tiroir dans le bas, en bois de fer sculpté, décor laqué et applications d'ivoire. Style chinois. Travail de VIARDOT.

16 — Jardinière en bois des Iles sculpté avec dragons et appliques en bronze. Style chinois de VIARDOT.

17 — Beau meuble à étagère forme pagode en bois finement sculpté de fleurs, de dragons et d'oiseaux chimériques, orné d'incrustations d'ivoire, travail du Tonkin.

18 — Petit paravent à cinq feuilles en bois de fer
sculpté avec panneaux en soie rose richement
brodée de chimères, d'oiseaux et de fleurs.

19 — Deux chaises en bois sculpté, couvertes en
satin rouge et jaune brodé dans le goût chinois.

20 — Paravent à quatre feuilles en bois de fer richement incrusté de burgau à personnages et guirlandes de fleurs, avec panneaux en soie blanche
brodée de volatiles dans des paysages.

21 — Table support en bois de fer incrusté de burgau, travail chinois.

22 — Support en bois sculpté avec appliques de
bronze, style chinois, de VIARDOT.

23 — Guéridon servante en bois de fer sculpté,
style chinois.

24 — Table en bois de fer sculpté, style chinois, de
VIARDOT.

25 — Ameublement de petit salon forme ottomane,
composé d'un canapé, deux fauteuils et deux
chaises en peluche rouge et satin clair richement
brodés de fleurs et d'oiseaux en soie multicolore.

26 — Deux consoles d'encoignures en bois sculpté
et doré, dessins à rocailles, style Louis XV.

27 — Deux consoles jardinières en bois sculpté et doré, décor à guirlandes, bandeau ajouré, style Louis XVI.

28 — Console en bois d'acajou garnie de filets de cuivre, dessus de marbre bleu turquin.

29 — Deux causeuses capitonnées garnies en soie brochée vieux rose ton sur ton.

30 — Tabouret de piano à dossier en acajou, orné de bronzes ciselés et dorés : têtes de femmes et de Mercure, ceinture à rinceaux et ornements, garni en soie rouge. Epoque 1er Empire.

31 — Dix chaises et deux fauteuils de salle à manger en bois d'acajou sculpté d'époque Louis XVI couverts en velours vert à fleurs et feuillage.

32 — Six chaises en bois sculpté et doré d'époque Louis XIV, garnies en satin broché fond gris.

33 — Meuble en bois d'acajou en partie sculpté, ouvrant à deux vantaux et garni de neuf tiroirs à poignées de cuivre, travail de Maple.

34 — Console en bois noir ornée de cuivres, montants et bandeau en porcelaine de Saxe à cariatides de femmes, guirlandes de fleurs et de feuillages, dessus en velours bleu.

35 — Paravent à trois feuilles décorées, genre Vernis Martin, de sujets galants et au revers

des moutons dans des paysages, le haut à glaces,
travail anglais.

36 — Deux petites chaises en bois sculpté et doré,
dossiers décorés, genre Vernis Martin, de sujets
dans le goût du xviiie siècle, garnies en soie
brochée fond rose.

37 — Petite table support sur quatre pieds en bois
de noyer à rangs de perles en bronze, dessus en
marbre.

38 — Grand divan couvert en brocatelle fond rouge
dessin à trophées d'instruments de musique.

39 — Paravent à huit feuilles décorées en applications d'étoffes, de paysages et de scènes de la vie
chinoise sur fond de soie bleue; monture en bois
laqué à écoinçons de cuivre gravé.

40 — Paravent à trois feuilles dont deux garnies de
broderies et d'applications sur fond de satin
blanc.

41 — Petite table en bois sculpté et doré, style
Louis XVI.

42 — Petite console à sept pieds en palissandre,
dessus en marbre granité vert, moulures en
bronze. Style Louis XVI.

43 — Deux colonnes supports forme torses en bois
sculpté et doré enguirlandées de vignes.

44 — Petite console demi-lune en bois sculpté et doré à guirlandes de fleurs, dessus en marbre rouge veiné. Style Louis XVI.

45 — Petite table tricoteuse en bois d'acajou ornée de bronzes, pieds forme lyres. Style Ier Empire.

46 — Jardinière en bois d'acajou forme ovoïde en bois d'acajou. Directoire.

47 — Meuble de toilette en bois de noyer et marqueterie ouvrant à trois portes dans le bas, celle du milieu avec glace, dessus à glace avec cadre à fronton sculpté.

48 — Toilette en bois d'érable avec moulures et sculptures en palissandre ornée d'une glace médaillon. Style Louis XVI.

49 — Armoire à glace ouvrant à deux portes, de même style.

5o — Glace avec cadre en bois et pâte dorés. Style Régence.

51 — Deux glaces d'entre-deux, cadres et bois sculpté et doré fond bleu. Style Louis XVI.

52 — Ecran en bambou avec feuille en broderie japonaise sur soie rouge.

53 — Petit fauteuil anglais en marqueterie de bois, dessus en velours ciselé.

54 — Quatre chaises légères en bois sculpté, dossiers forme lyre couvertes en soierie brochée. Style Louis XVI.

55 — Tabouret en acajou, dessus en tapisserie au point.

56 — Petit bureau de dame à cylindre Louis XVI à moulures de cuivre, dessus en marbre blanc.

57 — Fauteuil à dossier cintré en bois gravé, garni en satin noir et applications de fleurs en velours.

58 — Grand canapé couvert en brocatelle, fond rouge, dessin à rinceaux et guirlandes.

59 — Chiffonnier en érable et marqueterie de palissandre orné de bronzes dorés et surmonté d'une vitrine de même travail.

60 — Deux chaises en palissandre sculpté, style Louis XVI couvertes en tapisserie au point, décor quadrillé et rosaces.

61 — Fauteuil de coin en bois gravé et paille de couleur.

62 — Paravent à quatre feuilles en satin brodé à fleurs encadrées de velours bleu.

63 — Petit paravent triptyque à velours gris encadré de peluche mordorée.

64 — Chaise style anglais en marqueterie de bois, couverte en velours frappé sur fond crème.

65 — Deux petits tabourets carrés en bois de palissandre, cannés.

66 — Deux jardinières composées de panneaux en bois noir laqué avec applications de burgau, décor à gerbes fleuries.

67 — Deux chaises légères en bois sculpté, couvertes en broderie à trophées de masques et de musique. Style Louis XVI.

68 — Chaise large forme ottomane en bois sculpté et velours de Scutari.

69 — Tabouret en marqueterie de bois, dessus en peluche bleue.

70 — Chaise légère en bois sculpté et doré, couverte en soierie gris clair brochée. Style Louis XVI.

71 — Chaise longue couverte en satin bleu broché blanc, capitonnée.

72 — Chaise chauffeuse couverte en même étoffe.

73 — Support en bois sculpté. Style chinois.

74 — Horloge d'applique en noyer sculpté et filets noirs.

75 — Grande armoire à trois portes en acajou.

76 — Trois fauteuils confortables garnis en cuir, capitonnés.

77 — Tabouret en bois sculpté et doré de style Louis XIV, couvert en brocatelle à fleurs sur fond gris.

78 — Deux chaises légères en bois doré, dossiers à lyres, foncées de canne dorée.

79 — Pouf carré en satin bleu à bouquets de fleurs en soie appliqués.

80 — Neuf coussins divers en soie, velours et étoffe orientale.

81 — Écran en palissandre sculpté sur trois pieds avec glace mobile.

82 — Cartonnier en bois noir.

83 — Tabouret support en bois de fer à dessus de marbre.

84 — Quatre chaises légères en bois laqué et doré, garnies de canne.

85 — Table de milieu en bois de thuya et palissandre.

86 — Petite table à étagère forme losange, en bois laqué et doré.

87 — Petit paravent triptyque, garni de soierie brochée, époque Louis XVI, fond jaune.

88 — Table carrée en chêne sur pied en acajou.

89 — Coffre-fort de FICHET.

90 — Deux baignoires en cuivre, intérieurs nickelés.

91 — Lit en cuivre et sa literie.

92 — Service de table en faïence, décor à fleurs.

93 — Service de verrerie en cristal.

94 — Verres à madère et à vin du Rhin.

95 — Sous ce numéro seront vendus les meubles courants, la literie, etc.

BRONZES

96 — Très belle garniture de cheminée en bronze doré et marbre blanc de style Louis XVI, composée de : Une pendule à figures d'amours et d'oiseaux entourant le cadran, socle ornée d'une frise à rinceaux et guirlandes de fruits, et deux candélabres formés par deux figures d'amours supportant des vases d'où s'échappent huit lumières.

97 — Garniture de cheminée en bronze ciselé et doré, style Louis XVI, composée de une pendule deux flambeaux et deux candélabres à six lumières.

98 — Cartel en bronze doré d'époque Louis XV.

99 — Paire d'appliques à trois lumières en bronze doré. Style Louis XVI.

100 — Très petite pendule en marqueterie de cuivre. Epoque Louis XV.

101 — Quatre appliques à cinq lumières en bronze doré à figures d'enfants et rinceaux ornées de cristaux, style Louis XVI.

102 — Deux girandoles à sept lumières en bronze ornées de cristaux, style Louis XVI.

103 — Paire d'appliques à trois lumières en bronze doré dans le goût chinois disposées pour l'électricité.

104 — Suspension à six lumières bougies et six lampes électriques en émail cloisonné de Chine et bronze doré.

105 — Paire d'appliques à deux lumières en bronze à têtes de béliers et guirlandes de lauriers, style Louis XVI, disposées pour l'électricité.

106 — Paire de grands chenêts en bronze, parties
dorées, parties noircies à figures de sauvages, style
XVIIIᵉ siècle.

107 — Groupe en bronze : l'Esclave noire et l'Esclave
blanche.

108 — Surtout de table à quatre coupes en cristal
taillé, monture argentée dans le goût persan.

109 — Lampe à colonne en métal argenté.

MARBRES, TERRES CUITES

110 — Groupe en marbre blanc représentant une
conque portée par un triton et des chevaux
marins sur colonne en marbre blanc à canne-
lures tournantes.

111 — Buste en marbre blanc. Jeune femme coiffée
d'un foulard.

112 — Buste de femme en marbre blanc, décolletée,
la tête couverte d'une mantille.

113 — Buste de Louis XIV en terre cuite. Provient
de la vente du château de Chenonceaux.

114 — Groupe en terre cuite par MADRASSI : Faune
piqué par l'Amour.

115 — Buste de jeune femme en terre cuite

116 — Buste en terre cuite : Sémiramis par Ceri-
BELLI.

117 — Buste en plâtre : Diane, d'après Houdon.

118 — Deux gaînes en marbre blanc, garnies de
bronzes, trophées et nœuds de rubans.

119 — Colonne en marbre de couleur, chapiteau et
base en marbre vert de mer et bronze doré.

PORCELAINES, FAIENCES

VERRES DE VENISE, CRISTAUX

120 — Groupe en porcelaine d'Allemagne représentant une allégorie : la Pêche.

121 — Paire de vases à couvercles en porcelaine de
Saxe offrant en relief des branches de fleurs et de
fruits et des insectes, socles en peluche rouge.

122 — Paire de vases en porcelaine fond bleu turquoise à bande décorée de fleurs, d'oiseaux et
d'insectes, anses à tête de satyres, culots feuil-
lagés, couvercles surmontés d'un bouquet de
fleurs, socles en peluche verte.

123 — Paire de lampes formées de potiches en porcelaine de Chine, décor à fleurs et papillons, montures en bronzes doré. Style Louis XVI.

124 — Paire de grands vases en porcelaine de Chine à décor d'oiseaux en bleu, sur socles en bois sculpté.

125 — Paire de lampes en ancienne faïence de Delft, décor bleu sur blanc, monture en bronze ciselé et doré, disposées pour l'électricité.

126 — Deux appliques à bouquets de fleurs en porcelaine de Saxe, feuillage et branchage en fer teinté vert.

127 — Paire de grands vases, décor flambé, col bleu turquoise.

128 — Paire de vases en verre agatisé, fond opalin.

129 — Jardinière et deux vases en verre opaque, décor à arabesques polychromes, monture en bronze. Style chinois.

130-131 — Deux lustres à dix-huit lumières en cristal blanc de Baccarat à décor rouge et vert, ornements à pendeloques et guirlandes, boules taillées et clochettes.

132 — Paire de candélabres en verre de Venise à trois lumières reliées par des chaînettes et ornées de fleurs.

133 — Lustre à huit lumières en verre de Venise, disposé pour l'électricité.

TABLEAUX

ECOLE ANCIENNE

134 — *Portrait de Henri VIII, roi d'Angleterre.*

ECOLE FLAMANDE

135 — *La Partie de boules et la partie ae quilles.*
Cadres à frontons sculptés.

ÉCOLE FRANÇAISE DU XVIIIᵉ SIÈCLE

136 — *Portrait de gentilhomme à perruque, assis et écrivant.*

ÉCOLE HOLLANDAISE

137 — *Jeunes filles, couronnées de fleurs, recueillant des aumônes.*

138 — *Paysage avec figure de paysanne montée sur un âne et conduisant un troupeau.*

139 — *La Partie de cartes.*

LAYRAND

140 — *Portrait de Mlle Rousseil, tragédienne.*
Signé en haut à droite.

SANTERRE

141 — *La Chaste Suzanne et les deux vieillards.*
Cadre ancien en bois sculpté et doré.

142 — Six gravures anglaises en couleur: Chasse au renard.

143 — Cinq gravures en couleur d'après C. Vernet Lawreince, etc.

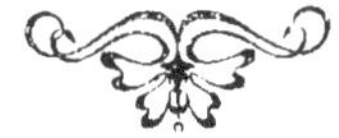

9 782329 543543